AF599975

Rituales privados de tu amor y el mío

CINTIA ELIANA INSAURRALDE

Aliarediciones

Corrección: Julia Salas
Diseño de cubierta: Laura S. Ayuso
Maquetación: Aliar Ediciones

Depósito Legal: GR 500-2024
ISBN: 978-84-10155-87-9

Impreso en España

Edita
ALIAR Ediciones
www.aliarediciones.es
info@aliarediciones.es

Rituales privados de tu amor y el mío

CINTIA ELIANA INSAURRALDE

1er Premio
Certamen de Poesía
Aliar, 2023

A mis amores.
De este y otro plano.

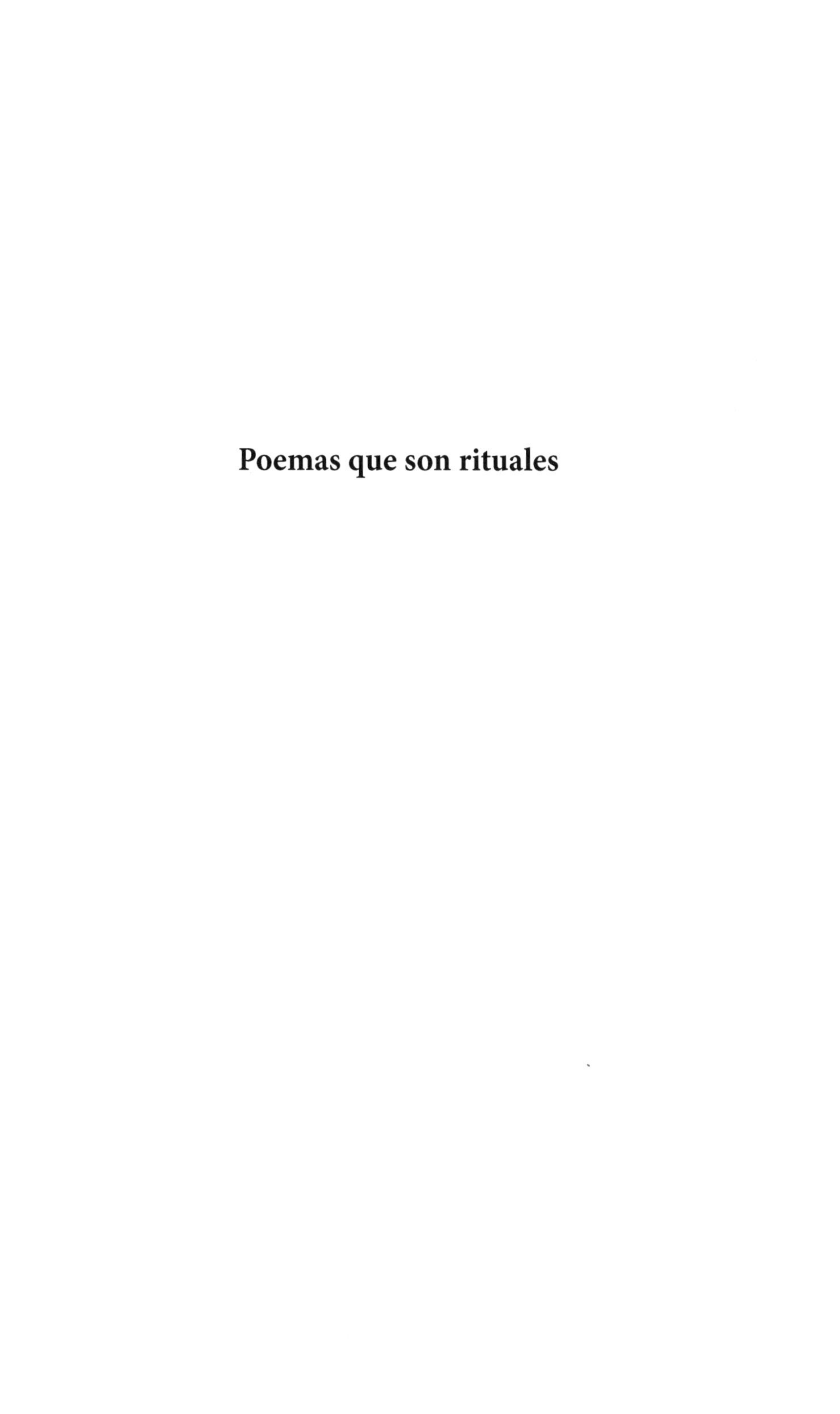

Poemas que son rituales

Si soy

Seré una tonta, pero elimino
todo lo anterior a tus *likes*
para que quedes arriba en las notificaciones.
Vos arriba
yo abajo.

Purga

Reímos mucho hasta el llanto.
¿Viste cuando la cara se empieza a convertir en monstruo?
Así.

Fugaz

Acerco mi ojo a tu mano y pestañeo.
Beso mariposa que nos causa gracia,
una gracia tan efímera como el beso
y la mariposa.

Epifanía

Siento el nervio adolescente
e inexperto
cuando la sorpresa
me toma en lo que te nombra.
El vértigo interno
que me lleva al vértice, al vórtice
y a la revelación del alma.

La caldera

Abrir este cajón es destapar una olla que rompe en hervor.
La danza del agua y el fuego: lenta y paciente, delicada y peligrosa.
Portal a las cosas eternas.

Mamá

La ceremonia de
ofrecerle a la tierra el polvo de tu ausencia.
Volvimos juntas a donde todo comenzó.

Quiero que sepas

Vayamos a lo importante:
encender por la mañana y durante el día
el fuego.
El fuego que cocina y da calor al alimento.
Hacer
minucioso y pausado
el quehacer del artesano.
Hay un paso a paso
que viene adentro de cada uno
y nos habla de los momentos para accionar
pausar...
Y entonces, la *amorosidad*
con la que estamos dispuestos
a volvernos ligeros como la lumbre.
Dejarnos a punto
y arder.
No sé del final de todo,
pero cuando esto acabe
quiero que sepas
que lo intenté.

El bosque

Vendada
y vestida de ojos.
Una serpiente.

La oración (capullos del jazmín)

La cinta se estira
y llega al pecho,
una señal en cruz
para persignarse.
Palabras dichas por lo bajo
susurran una oración
que se repite
de boca en boca
y por cada cura.
La cinta desciende
hasta bajar por completo...
Al tercer día,
los capullos del jazmín
comienzan a abrirse.

Ritual

Estar yéndose siempre, también es parte de un
ritual.
Real o imaginario.

Embrujo

La maravilla de encontrarte en todas las cosas.
La maldición es, exactamente la misma.

Novilunio de sangre

Mi llegada al mundo fue un verdadero relato gore:
un giro inesperado
complicado y sangriento
en plena oscuridad de una luna
que quería comenzar a iluminarse.

Me alejé del viento

Al alejarme del viento
dejé que una a una
de mis partes nerviosas
buscaran la calma
para descansar
bajo la sombra aquietada
de un árbol.
Tomé el cadáver seco
de toda vida pasada
y lo enterré al lado del árbol
bajo la sombra
sobre la vida del suelo.
Me quedé allí esperando
a que aparecieran los animales
de la noche
y con ellos el viento
y con el viento el adiós.

Con mis hermanos

Cuando éramos chicos
la boca se nos llenaba de rojo.
De un rojo intenso
enchastre dichoso
el corazón en la boca.
Juntar las frambuesas
las manos manchadas.
Lavarlas y ponerlas en la jarra
frías y azucaradas.
Ritual zen junto a la fruta
de veranos en la casa.
Pileta de lona
el descanso junto al níspero
y el ladrido del perro.
Estancia arbolada
con chicharras de día
y grillos en la noche.

Juntarnos a desayunar

una mañana.
El agua del termo
que se vierte en el mate,
y tostadas con dulce.
Para vos, un café cortado
y galletitas.
La charla es interrumpida
por un cielo
que pareciera vaciarse
y por la gente que al pasar
impone su voz por sobre las nuestras.
Una reunión
casi sincronizada.
Una imagen inconstante
y consecuente
a través de una ventana pixelada.
Por momentos cometo el error
de querer convidarte un mate.

Hablamos de la actualidad
de la nueva normalidad
de los días en el río
y las noches en el campo...
Hacemos una pausa necesaria
y un silencio melancólico
congela el instante,
al tiempo que la aplicación
marca el fin.

Solo nos queda un minuto
hasta el próximo desayuno,
hasta el próximo encuentro.

Exit

No fumar, abrocharse,
despegar.
Ya estamos arriba, con turbulencias,
los oídos tapados
y los ojos cansados.
Elegí no estar cerca de nada,
ni chicha, ni limonada.
Elegí, aunque no lo hice.
Piden que me mueva de asiento
cerca de una salida de emergencia
una salida a la nada.
¿Qué tipo de acuerdo es ese?
La mujer de atrás habla de girar
y de tirar todo.
Levanta el tono,
pero tengo los oídos tapados.
Es como si lo del tono lo sintiera en el asiento.

Ahora hay un eclipse
—sí—
y lo que importa es lo que pasa adentro.
Estamos adentro.
Exit.

Adentro

Son las 6 am y me siento inquieta.
No sé si por lo soñado
o si por lo vivido.
El sonido del reloj y del viento me hacen suponer
que lo que pasa allá afuera es cosa de valientes.
Prendo y apago el teléfono
—casi en automático—
y se me ilumina el rostro
como si la luna y las estrellas estuvieran dentro.

Mercurio retrógrado

Encontré algo perdido:
una llamada tuya de las 9 pm.

Así y todo

Lo que se cristaliza puede romperse
porque es frágil,
pasando de lo tenue a lo invisible
y así y todo seguir existiendo.
Alguna vez pensé y me hicieron creer
que el valor está dado
por la fortaleza en la apariencia,
y así y todo siempre me reconocí de agua y de cristal.
No me presiones al punto de romperme porque
me cuestan cada vez más mis partes.
No sé si por la cantidad del desparramo
o porque a veces caen como gotas
que se evaporan en el trayecto.
Soy de cristal porque me rompo
soy de agua porque me evaporo
y así y todo, mi fuerza es invisible.

Si no te conociera, lo hubiera intuido

Tu celebración y oda de lo inestable
terminaron de apagar las velas de este cuarto.

Brujos del reloj

dice el tema
y mi pecho cruje hasta romperse.
Como si esta frase guardara
un entramado silencioso
de las sensaciones que no descifro.
Viajera del tiempo
para allá o para allá,
hago un gesto con las manos y los brazos en dirección a los lados
—opuestos—
Me paro en el medio imaginario...
Mirando hacia adelante
—sí—
mirando hacia atrás
—también—
y así me pierdo.
Cuando la máquina abandona la marcha,
me acuerdo lo del *feng shui*
y me apuro a darle cuerda:
no está bueno que el tiempo se detenga.

Cortes de tela

Corté mi piel y no hubo sangre,
solo marcas de un amor.

En principio, hasta mañana

La reunión es noche a noche
alrededor de la mesa en lugares diferentes.
Se elige el año y suena el disco:
dc los favoritos
de los de siempre.
Hay silencios al escuchar
y la voz por lo bajo de quién canta la parte que se acuerda
«Was the noise of you
Was the noise of you»
La cena,
la sobremesa
y el mensaje de las cartas.
Empezamos a irnos,
en principio hasta mañana.

Carta de las horas

Una carta en la que escribo como me siento,
dirigida a vos en un cara a cara imaginario.
Las horas pasan
y como si de una liturgia se tratase,
noche a noche nos abandonamos
más,
cada vez un poco.
Yo te hablo como me sale
y vos entendés como te sale a vos.
En ese ida y vuelta
se va escribiendo la carta.
Horas y horas en que palabras rotas, se suman
a palabras francas
a palabras olvidadas
a palabras sin sentido
hasta quedar en silencio.
Y en ese sin decir
y sin posdata
llega el...

Atentamente.

Ana

Ana
revelada en mis palabras
como una canción tierna que canto para mis gatos.
Sonrío
al descubrir cierta cadencia en el decir
igual
o bastante parecido.
No tengo nietos
tengo gatos
y de uno de ellos me voy despidiendo
de a poco
con el mismo amor con el cual Ana se despidió
siempre de nosotros.

Listo

Después de escuchar la lluvia
cerrás los ojitos.

A Jaime

Vela

Prendí una vela porque te fuiste.
Prendí una antes, para que te fueras en paz.

Índice

Poemas que son rituales

Este libro se terminó de editar en Granada
en abril de 2024 por

Aliarediciones

www.aliarediciones.es
info@aliarediciones.es